Perspectives

A1 Rapide

Französisch für Erwachsene mit Vorkenntnissen

Vokabeltaschenbuch

Cornelsen

Vocabulaire Vokabular

Die neuen französischen Vokabeln finden Sie hier in der Reihenfolge des ersten Auftretens aufgelistet. Die Seitenzahlen und Übungsnummern geben an, wo die einzelnen Wörter und Wendungen zum ersten Mal vorkommen. Die deutsche Übersetzung der Arbeitsanweisung wird für jede Übung angegeben.
Bei unregelmäßigen Verben wird grundsätzlich auf die Seite der Grammatik im Lehrbuch verwiesen, wo die Konjugation des jeweiligen Verbs behandelt wird. Als Aussprachehilfe wird zu jedem neuen Wort und zu jeder neuen Wendung die phonetische Umschrift angegeben. Die Erklärung der Lautschrift finden Sie auf S. 61. Weitere Hilfen zur Aussprache finden Sie im Lehrbuch auf S. 149.

Abkürzungen

f.	feminin
m.	maskulin
Pl.	Plural
Inf.	Infinitiv
ugs.	umgangssprachlich
qn	quelqu'un (jemand)
qc	quelque chose (etwas)

PRÉSENTATIONS

S. 8

la présentation [prezɑ̃tasjɔ̃] Vorstellung

1. Stellen Sie sich mehreren Personen der Gruppe vor und begrüßen Sie sie.

je m'appelle … (*Inf.* ***s'appeler***)
(Konjugation S. 125) [ʒəmapɛl] ich heiße …
et vous? [evu] und Sie?
bonjour [bɔ̃ʒur] guten Tag
ça va? (*Inf.* ***aller***) (Konjugation S. 125) [sava] wie geht's?
moi, c'est … [mwasɛ] ich heiße …
ça va [sava] es geht
enchanté/e [ɑ̃ʃɑ̃te] angenehm, sehr erfreut

2. Bilden Sie einen Kreis. Jemand sagt seinen Vornamen. Die folgende Person wiederholt ihn und fügt ihren eigenen Vornamen hinzu.

dire qc à qn (Konjugation S. 126) [dir] sagen
c'est (*Inf.* ***être***) (Konjugation S. 125) [sɛ] es ist

3. Die Gruppe wird in zwei Untergruppen aufgeteilt. Jede Person aus der Gruppe A schreibt ihren Namen auf einen Zettel. Die Zettel werden gemischt. Jede Person aus der Gruppe B nimmt einen und sucht die genannte Person.

écrire qc à qn (Konjugation S. 126) [ekrir] schreiben
prendre qc (Konjugation S. 127) [prɑ̃dr] nehmen
Monsieur (*Pl.* **Messieurs**) [məsjø] [mesjø] Anrede für einen Mann
non [nɔ̃] nein
vous êtes …? (*Inf.* ***être***) [vuzɛt] Sie sind …?

oui [wi]	ja
Madame (*Pl.* **Mesdames**) [madam] [medam]	Anrede für eine Frau
Mademoiselle (*Pl.* **Mesdemoiselles**) [madmwazɛl] [medmwazɛl]	Anrede für ein Mädchen/ junge Frau
c'est moi [sɛmwa]	ich bin das
c'est ça (*Inf.* ***être***) [sɛsa]	so ist es
c'est qui? [sɛki]	wer ist das?

S. 9

4. Kennen Sie sich in Frankreich aus? In kleinen Gruppen schauen Sie sich die Karte auf der vorderen Umschlaginnenseite an und verbinden Sie jedes Produkt mit einer Region oder einer Stadt.

connaître (Konjugation S. 126) [kɔnɛtr]	kennen
la moutarde [mutard]	Senf
la crêpe [krɛp]	dünner Pfannkuchen
le cidre [sidr]	Apfelwein
la choucroute [ʃukrut]	Gericht mit Sauerkraut und verschiedenen Fleischsorten
la quiche [kiʃ]	Quiche
le foie gras [fwagra]	Gänseleberpastete
la bouillabaisse [bujabɛs]	mediterrane Fischsuppe
la moule [mul]	Miesmuschel
les frites *f.* [frit]	Pommes frites

5. Um Ihr Lehrbuch kennen zu lernen, beantworten Sie folgende Fragen mit Ihrem Partner/Ihrer Partnerin (mehrere Antworten können richtig sein).

répondre qc à qn (Konjugation S. 127) [repɔ̃dr]	antworten
où [u]	wo
trouver qn/qc [truve]	finden

un objectif [ɔbʒɛktif]	Lernziel
une unité [ynite]	Einheit
sur [syr]	auf
le/la premier/-ière [prəmje/prəmjɛr]	der/die/das erste
la page [paʒ]	Seite
dans [dɑ̃]	in
le sommaire [sɔmɛr]	Inhaltsverzeichnis
le vocabulaire [vɔkabylɛr]	Wortschatz
nouveau/nouvelle [nuvo/nuvɛl]	neu
la fin [fɛ̃]	Ende
le carnet [karnɛ]	Heftchen
séparé/e [separe]	gesondert
le dictionnaire [diksjɔnɛr]	Wörterbuch
le livre [livr]	Buch
la grammaire [gramɛr]	Grammatik
la marge [marʒ]	Seitenrand
avant [avɑ̃]	vor
un exercice [egzɛrsis]	Übung
pour [pur]	um … zu
évaluer qc [evalɥe]	evaluieren
le manuel [manɥɛl]	Lehrbuch
la transcription [trɑ̃skripsjɔ̃]	*hier*: abgedruckte Hörtexte
oral/e (*Pl.* **oraux/orales**) [ɔral] [ɔro/ɔral]	*hier*: gesprochen
chaque [ʃak]	jeder/e/es
la solution [sɔlysjɔ̃]	Lösung
la partie [parti]	Teil
après [aprɛ]	nach

UNITÉ 1 QUI ÊTES-VOUS?

S. 10

qui êtes-vous? [kiɛtvu]	wer sind Sie?

1. Hören Sie zu und verbinden Sie jeden Satz mit dem passenden Foto.

un/une informaticien/ne [ɛ̃fɔrmatisjɛ̃/ɛ̃fɔrmatisjɛn]	Informatiker/in
travailler [travaje]	arbeiten
chez [ʃe]	bei
à [a]	*hier*: in
habiter [abite]	wohnen
aussi [osi]	auch
marié/e [marje]	verheiratet
avoir qc [avwar]	haben
deux [dø]	zwei
un/e enfant [ɑ̃fɑ̃]	Kind

2. Stellen Sie sich genauso wie Estelle Marmoux vor.

divorcé/e [divɔrse]	geschieden
célibataire [selibatɛr]	ledig

S. 11

3. Hören Sie sich den Anfang eines Radioquiz an und kreuzen Sie die richtige Antwort an.

écouter qn/qc [ekute]	zuhören
convenir (Konjugation S. 126) [kɔ̃vnir]	passen
un fils [fis]	Sohn
une fille [fij]	Tochter

un/e technicien/ne [tɛknisjɛ̃/tɛknisjɛn] Techniker/in
un mécanicien [mekanisjɛ̃] Mechaniker
une administration [administrasjɔ̃] Verwaltung
une banque [bɑ̃k] Bank
une entreprise [ɑ̃trəpriz] Unternehmen
privé/e [prive] privat

4. Hören Sie sich den Dialog noch einmal an und schreiben Sie die drei Ausdrücke auf, die Fabrice Dumontier verwendet, um die Aussagen der Quizmasterin zu bestätigen.

5. Wie lauten die Fragen der Quizmasterin auf folgende Antworten von Fabrice Dumontier?

petit/e [pti/ptit] klein

6. Ergänzen Sie den Dialog mit den passenden Verben.

il est onze heures [ilɛɔ̃zœr] es ist elf Uhr
l'heure *f.* [lœr] Zeit, Stunde
le jeu [ʒø] Spiel
quotidien/ne [kɔtidjɛ̃/kɔtidjɛn] täglich
voici [vwasi] hier ist
notre [nɔtr] unser/e
le/la candidat/e [kɑ̃dida/kɑ̃didat] Kandidat/in
le mois [mwa] Monat
aujourd'hui [oʒurdɥi] heute
félicitations *f. Pl.* [felisitasjɔ̃] Gratulation
elle s'appelle comment? [ɛlsapɛlkɔmɑ̃] wie heißt sie?
comment? [kɔmɑ̃] wie?
joli/e [ʒɔli] hübsch
continuer [kɔ̃tinɥe] weitermachen
bien sûr [bjɛ̃syr] selbstverständlich
c'est bien ça? [sɛbjɛ̃sa] ist es richtig?
tout à fait [tutafɛ] absolut, ja

la rue [ry]	Straße
un/e employé/e [ɑ̃plwaje]	Angestellte/r
eh bien [ebjɛ̃]	also/gut
commençons (*Inf.* ***commencer***) (Konjugation S. 113) [kɔmɑ̃sɔ̃]	fangen wir an!
la question [kɛstjɔ̃]	Frage

7. Zu zweit. Wählen Sie eine neue Identität. A sucht eine der Visitenkarten auf der Seite 128 aus und B eine auf der Seite 130. Stellen Sie Ihrem Partner/Ihrer Partnerin Fragen. Sie möchten seinen/ihren Namen, seinen/ihren Beruf und seine/ihre Adresse wissen.

parler [parle]	sprechen
choisir qn/qc (Konjugation S. 126) [ʃwazir]	wählen, aussuchen

8. Fragen Sie zwei Kursteilnehmer/innen und stellen Sie dann der Gruppe eine dieser beiden Personen vor.

qu'est-ce que vous faites comme métier? [kɛskəvufɛtkɔmmetje]	was machen Sie beruflich?
faire qc (Konjugation S. 126) [fɛr]	machen, tun
le métier [metje]	Beruf
je te présente [ʒətəprezɑ̃t]	ich stelle dir vor
présenter qn à qn [prezɑ̃te]	vorstellen

S. 12

9. Lesen Sie die E-Mail, die Dominique ihrer Freundin Frédérique schickt. Ergänzen Sie dann das Formular der Versicherungsgesellschaft.

lire qc à qn (Konjugation S. 126) [lir]	lesen
cher/chère [ʃɛr]	lieb
voilà [vwala]	*hier*: es ist soweit
installer [ɛ̃stale]	einrichten
depuis [dəpɥi]	seit

tous [tus]	alle
très [trɛ]	sehr
heureux/-euse [ørø/ørøz]	glücklich
trouver qn/qc [truve]	finden
sans [sɑ̃]	ohne
le problème [prɔblɛm]	Problem
grâce à [grasa]	dank
un/e collègue [kɔl(l)ɛg]	Kollege/Kollegin
un/e avocat/e [avɔka/avɔkat]	Rechtsanwalt/Rechtsanwältin
le/la même ... que [mɛm kə]	der/die/dasselbe
le tribunal [tribynal]	Gericht
grand/e [grɑ̃/grɑ̃d]	groß
un appartement [apartəmɑ̃]	Wohnung
près de [prɛdə]	nahe bei
le centre-ville [sɑ̃trəvil]	Stadtzentrum
déjà [deʒa]	schon
un/e copain/copine [kɔpɛ̃/kɔpin]	Freund/in, Kumpel
le week-end [wikɛnd]	Wochenende
découvrir qc (Konjugation S. 126) [dekuvrir]	entdecken
ce/cette [sə/sɛt]	diese/r/s
la région [reʒjɔ̃]	Gegend
magnifique [maɲifik]	wunderbar
une adresse [adrɛs]	Adresse
grosses bises [grosbiz]	liebe Grüße
la bise [biz]	Küsschen
quatre [katr]	vier
la demande [dəmɑ̃d]	Antrag
une assurance [asyrɑ̃s]	Versicherung
professionnel/le [prɔfɛsjɔnɛl]	beruflich
le nom [nɔ̃]	Name
le prénom [prenɔ̃]	Vorname
le sexe [sɛks]	Geschlecht
féminin/e [feminɛ̃/feminin]	weiblich
né/e [ne]	geboren
la nationalité [nasjɔnalite]	Staatsangehörigkeit

français/e [frɑ̃sɛ/frɑ̃sɛz]	Franzose/Französin, französisch
la situation de famille [sitɥasjɔ̃dfamij]	Familienstand
le domicile [dɔmisil]	Wohnsitz
la profession [prɔfɛsjɔ̃]	Beruf
le conseil [kɔ̃sɛj]	Ratschlag
masculin/e [maskylɛ̃/maskylin]	männlich
allemand/e [almɑ̃/almɑ̃d]	Deutsche/r, deutsch
américain/e [amerikɛ̃/amerikɛn]	Amerikaner/in, amerikanisch
autrichien/ne [otriʃjɛ̃/otriʃjɛn]	Österreicher/in, österreichisch
suisse [sɥis]	Schweizer/in, schweizerisch
turc/turque [tyrk/tyrk]	Türke/-kin, türkisch
le/la journaliste [ʒurnalist]	Jounalist/in
le/la retraité/e [rətrɛte]	Rentner/in
un/e ingénieur/e [ɛ̃ʒenjœr]	Ingenieur/in
un/e vendeur/-euse [vɑ̃dœr/vɑ̃døz]	Verkäufer/in

10. Stellen Sie jetzt Dominique einem ihrer neuen Kollegen vor. Verwenden Sie nur die Angaben, die Sie für nötig halten.

bienvenue [bjɛ̃vny]	willkommen

S. 13

11. Stellen Sie diese Personen vor.

le/la cuisinier/-ière [kɥizinje/kɥizinjɛr]	Koch/Köchin
une esthéticienne [ɛstetisjɛn]	Kosmetikerin
belge [bɛlʒ]	Belgier/in, belgisch
un/e étudiant/e [etydjɑ̃/etydjɑ̃t]	Student/in
un/e instituteur/-trice [ɛ̃stityœr/ɛ̃stitytris]	Lehrer/in in Grundschulen und Kindergärten
une école maternelle [ekɔlmatɛrnɛl]	Kindergarten, Vorschule
italien/ne [italjɛ̃/italjɛn]	Italiener/in, italienisch
le/la graphiste [grafist]	Graphiker/in

une agence de publicité [aʒɑ̃sdəpyblisite] Werbeagentur
anglais/e [ɑ̃glɛ/ɑ̃glɛz] Engländer/in, englisch

12. Erfinden Sie mit Ihrem Nachbarn/Ihrer Nachbarin einen Dialog zwischen zwei Personen auf dem rechten Foto und spielen Sie die Szene vor.

S. 14

espagnol/e [ɛspaɲol] Spanier/in, spanisch

S. 15

le/la comédien/ne [kɔmedjɛ̃/kɔmedjɛn] Schauspieler/in
la femme au foyer [famofwaje] Hausfrau
le/la serveur/-euse [sɛrvœr/sɛrvøz] Kellner/in
le supermarché [sypɛrmarʃe] Supermarkt
le théâtre [teɑtr] Theater
le café [kafe] Café
la maison [mɛzɔ̃] Haus

S. 16

le/la pharmacien/ne [farmasjɛ̃/farmasjɛn] Apotheker/in

UNITÉ 2 QU'EST-CE QUE VOUS AIMEZ?

S. 18

qu'est-ce que vous aimez? [kɛskəvuzeme]	was mögen Sie?
qu'est-ce que? [kɛskə]	was?
aimer qn/qc [eme]	lieben, mögen

1. Fünf Personen sprechen von ihren Freizeitaktivitäten. Hören Sie zu und lesen Sie die Aussagen im Kästchen. Verbinden Sie jede Aussage mit dem passenden Foto.

le foot [fut]	Fußball
adorer qn/qc [adɔre]	sehr lieben
le vélo [velo]	Fahrrad
la nature [natyr]	Natur
beaucoup [boku]	sehr, viel
la littérature [literatyr]	Literatur
regarder qn/qc [rəgarde]	anschauen
la télé(vision) [televizjɔ̃]	Fernsehen
surtout [syrtu]	hauptsächlich
le jeu télévisé [ʒøtelevize]	Fernsehspiel
le cinéma [sinema]	Kino

S. 19

2. Stellen Sie Ihrem Nachbarn/Ihrer Nachbarin Fragen und beantworten Sie seine/ihre nach folgendem Muster.

la musique [mysik]	Musik
classique [klasik]	klassisch
mais [mɛ]	aber

la danse [dɑ̃s]	Tanz
le voyage [vwajaʒ]	Reise
le sport [spɔr]	Sport
la voile [vwal]	Segeln
la randonnée [rɑ̃dɔne]	Wanderung
les mots croisés *m.* [mokrwaze]	Kreuzworträtsel
le jardinage [ʒardinaʒ]	Gartenarbeit
un opéra [ɔpera]	Oper
la cuisine [kɥizin]	Kochen

3. Welche Aktivität üben Sie in Ihrer Freizeit aus?

l'équitation *f.* [ekitasjɔ̃]	Reiten
le concert [kɔ̃sɛr]	Konzert
le golf [gɔlf]	Golf
la natation [natasjɔ̃]	Schwimmen
l'escalade *f.* [ɛskalad]	Klettern
le bricolage [brikɔlaʒ]	Heimwerken

4. Füllen Sie das Formular aus und finden Sie Partner/innen für Ihre verschiedenen Freizeitaktivitäten.

la fiche d'inscription [fiʃdɛ̃skripsjɔ̃]	Anmeldeformular
la lecture [lɛktyr]	Lesen
la promenade [prɔm(ə)nad]	Spaziergang
la pêche [pɛʃ]	Angeln
la langue [lɑ̃g]	Sprache
l'art *m.* [ar]	Kunst
autre [otr]	andere/r/s
aimer bien qn/qc [emebjɛ̃]	gern mögen

S. 20

5. Hören Sie sich die Reaktionen der Besucher der Ausstellung «Der Mensch in Frage» an und ordnen Sie sie von der positivsten zur negativsten.

le visage [vizaʒ]	Gesicht
le titre [titr]	Titel
bof! [bɔf]	Ausdruck der Gleichgültigkeit
mouais! [mwɛ]	Ausdruck der Skepsis
intéressant/e [ɛ̃teresɑ̃/ɛ̃teresɑ̃t]	interessant
pas mal [pɑmal]	nicht schlecht
assez [ase]	ziemlich gern
génial/e [ʒenjal]	genial
original/e [ɔriʒinal]	originell
nul/le [nyl]	total schlecht
pas du tout [padytu]	überhaupt nicht
trop [tro]	zu sehr
de toute façon [dətutfasɔ̃]	jedenfalls
détester qn/qc [detɛste]	hassen

6. Wählen Sie eins der Bilder und fragen Sie mehrere Kursteilnehmer/innen, wie sie es finden.

S. 21

7. Sie bereiten eine Reise nach Paris vor. Worauf klicken Sie, um Informationen zu erhalten, wenn Sie sich für Folgendes interessieren …

la mode [mɔd]	Mode
actuel/le [aktɥɛl]	aktuell
ancien/ne [ɑ̃sjɛ̃/ɑ̃sjɛn]	alt, antiquarisch

8. Was nehmen Sie in Ihrem kleinen Rucksack mit, wenn Sie in Paris spazieren gehen? Einigen Sie sich mit Ihrem Nachbarn/Ihrer Nachbarin auf sechs Gegenstände.

les lunettes de soleil *f.* [lynɛtdəsɔlɛj]	Sonnenbrille
le peigne [pɛɲ]	Kamm
le mouchoir en papier [muʃwarɑ̃papje]	Papiertaschentuch
le plan [plɑ̃]	Stadtplan

le miroir de poche [mirwardəpɔʃ]	Taschenspiegel
un agenda [aʒɛ̃da]	Kalender
le portable [pɔrtabl]	Handy
la carte d'identité [kartdidɑ̃tite]	Personalausweis
la cigarette [sigarɛt]	Zigarette
le tube de rouge à lèvres [tybdəruʒalɛvr]	Lippenstift
le bloc de papier [blɔkdəpapje]	Schreibblock
le stylo [stilo]	Füllfederhalter/Kugelschreiber
la bouteille [butɛj]	Flasche
une eau [o]	Wasser
le guide [gid]	Führer
le briquet [brikɛ]	Feuerzeug
le porte-monnaie [pɔrtmɔnɛ]	Portemonnaie
la clé [kle]	Schlüssel
un hôtel [ɔtɛl/otɛl]	Hotel
le canif [kanif]	Taschenmesser

9. Sie sind auf dem Flohmarkt und möchten eine Kleinigkeit kaufen. Mit Ihrem Nachbarn/Ihrer Nachbarin erfinden Sie den Dialog mit dem Verkäufer und spielen Sie die Szene vor.

je voudrais (*Inf.* ***vouloir***) (Konjugation S. 127) [vudrɛ]	ich möchte
ça coûte combien? [sakutkɔ̃bjɛ̃]	was kostet es?
coûter [kute]	kosten
combien [kɔ̃bjɛ̃]	wie viel?
cher/-ère [ʃɛr]	teuer
alors [alɔr]	also
d'accord [dakɔr]	einverstanden

UNITÉ 3 CHEZ NOUS

S. 26

1. Hören Sie zu und lesen Sie den Text der Sprechblasen. Ergänzen Sie dann die Tabelle.

un an [ɑ̃]	Jahr
veuf/ve [vœf/vœv]	verwitwet
deuxième [døzjɛm]	zweite/r/s
le mari [mari]	Ehemann
le compagnon/la compagne [kɔ̃paɲɔ̃/kɔ̃paɲ]	Lebenspartner/in
vivre (Konjugation S. 127) [vivr]	leben
ensemble [ɑ̃sɑ̃bl]	zusammen
un/e ami/e [ami]	Freund/in
parce que [parsəkə]	weil
nos parents [noparɑ̃]	unsere Eltern

2. Welches Foto entspricht Ihrer Meinung nach am besten der Überschrift von *marie france* «La famille française d'aujourd'hui»?

correspondre à qc (Konjugation S. 126) [kɔrɛspɔ̃dr]	entsprechen

S. 27

3. Hören Sie, wie Valentin seine Familie beschreibt. Setzen Sie die Fotos in die richtige Reihenfolge.

décrire qn/qc à qn (Konjugation S. 126) [dekrir]	beschreiben
tout/e le/la [tu/tut]	ganz
la journée [ʒurne]	Tag

un ordinateur [ɔrdinatœr]	Computer
la sœur [sœr]	Schwester
un/e élève [elɛv]	Schüler/in
le frère [frɛr]	Bruder
souvent [suvɑ̃]	oft
le chien [ʃjɛ̃]	Hund
savoir qc (Konjugation S. 127) [savwar]	wissen
pourquoi [purkwa]	warum
le chat [ʃa]	Katze

4. Hören Sie sich den Text noch einmal an und kreuzen Sie die richtigen Antworten an.

la mère [mɛr]	Mutter
le père [pɛr]	Vater
monoparental/e [monoparɑ̃tal]	alleinerziehend

5. Zu zweit. Stellen Sie sich die Personen vor, die in diesem Haus wohnen. Anschließend werden Sie von den anderen Kursteilnehmern/innen nach ihrer Identität, Freizeitbeschäftigungen usw. gefragt.

pratiquer qc [pratike]	treiben
préféré/e [prefere]	bevorzugt

S. 28

6. Schauen Sie sich den Grundriss des Ferienhauses an und verbinden Sie jedes Zimmer mit der entsprechenden Bezeichnung.

le rez-de-chaussée [redʃose]	Erdgeschoss
un étage [etaʒ]	Stockwerk, Etage
la cuisine [kɥizin]	Küche
la salle à manger [salamɑ̃ʒe]	Esszimmer
la salle de bains [saldəbɛ̃]	Badezimmer (mit Badewanne)

S. 29

7. Lesen Sie die Immobilienanzeigen. Welche Anzeige entspricht dem oben dargestellten Haus?

le jardin [ʒardɛ̃]	Garten
à [a]	*hier*: entfernt
la plage [plaʒ]	Strand
le coin [kwɛ̃]	Ecke
la salle d'eau [saldo]	Badezimmer (mit Dusche)
la côte [kot]	Küste
la piscine [pisin]	Swimmingpool

8. Familie Chabin sucht ein Ferienhaus. Hören Sie sich den Dialog an. Was ist für Herrn Chabin wichtig?

chercher qn/qc [ʃɛrʃe]	suchen
la location [lɔkasjɔ̃]	*hier*: Ferienunterkunft
les vacances *f. Pl.* [vakɑ̃s]	Ferien
la semaine [səmɛn]	Woche
un/e adulte [adylt]	Erwachsene/r
la pièce [pjɛs]	Zimmer
le prix [pri]	Preis
au bord de [obɔrdə]	*hier*: an
la mer [mɛr]	Meer
confortable [kɔ̃fɔrtabl]	komfortabel
il y a [ilja]	es gibt
un instant [ɛ̃stɑ̃]	Augenblick
s'il vous plaît [silvuplɛ]	bitte
en face de [ɑ̃fasdə]	gegenüber von
préférer qn/qc (Konjugation S. 113) [prefere]	bevorzugen
décider qc [deside]	beschließen, einen Entschluss fassen
rappeler qn (Konjugation S. 113) [rapəle]	noch einmal anrufen
à votre service [avɔtrəsɛrvis]	bitte schön

9. Hören Sie sich den Dialog noch einmal an und notieren Sie die Schlüsselwörter des Wohnungsangebots. Beschreiben Sie dann die Wohnung.

10. Stellen Sie das Gespräch zwischen Herrn Chabin und der Agenturangestellten wieder her und spielen Sie es.

11. Herr Chabin beschreibt seiner Familie die beiden Angebote. Spielen Sie seine Rolle.

la possibilité [pɔsibilite]	Möglichkeit

12. Welches Angebot wird Ihrer Meinung nach die Familie Chabin wählen? Begründen Sie Ihre Wahl.

13. Sie möchten Ihre Wohnung/Ihr Haus mit einer Pariser Familie für zwei Wochen tauschen. Sie rufen eine darauf spezialisierte Agentur an. Beantworten Sie die Fragen der Agentur und stellen Sie Fragen über ihre Angebote. Spielen Sie die Szene zu zweit: A beschreibt seine/ihre Wohnung/sein/ihr Haus. B bietet eine der Wohnungen auf der Seite 130 an.

S. 30

le loisir [lwasir]	Freizeitaktivität
la chanson [ʃɑ̃sɔ̃]	Chanson

S. 32

la chaise [ʃɛz]	Stuhl

S. 33

la voiture [vwatyr]	Wagen
un hôtel de ville [otɛldəvil]	Rathaus
le bus [bys]	Bus

UNITÉ 4 RENCONTRES

S. 34

la rencontre [rɑ̃kɔ̃tr]	Treffen

1. Schauen Sie sich die Fotos an und hören Sie sich das Gespräch an. Ordnen Sie jeden Teil des Gesprächs einem Foto zu.

salut [saly]	Hallo!
bien [bjɛ̃]	gut
merci [mɛrsi]	danke
vous vous connaissez? [vuvukɔnɛse]	kennt Ihr euch?
avoir le temps [avwarlətɑ̃]	Zeit haben
le temps [tɑ̃]	Zeit
prendre un verre [prɑ̃drɛ̃vɛr]	etwas zusammen trinken
le verre [vɛr]	Glas
volontiers [vɔlɔ̃tje]	gern
à l'intérieur [alɛ̃terjœr]	drin
comme [kɔm]	wie
s'installer [sɛ̃stale]	*hier*: sich setzen
messieurs dames [mesjødam]	*hier*: Herrschaften
le pastis [pastis]	Pastis
un apéritif [aperitif]	Aperitif
le kir [kir]	Kir
le coca [kɔka]	Cola
la bière [bjɛr]	Bier
le demi [dmi]	Bier vom Fass
toujours [tuʒur]	immer
marcher [marʃe]	*hier*: laufen
pour l'instant [purlɛ̃stɑ̃]	im Moment
le stage [staʒ]	Praktikum
SNCF (Société nationale des chemins de fer français) *f.* [ɛsɛnseɛf]	französische Staatsbahn

avec [avɛk]	mit
pour [pur]	für
pour Madame, c'est bien le kir? [purmadamsɛbjɛ̃lkir]	der Kir ist wohl für die Dame?
plaire à qn (Konjugation S. 127) [plɛr]	gefallen
j'aimerais bien … [ʒɛmrɛbjɛ̃]	ich würde gern …
rester [rɛste]	bleiben
difficile [difisil]	schwierig
une addition [adisjɔ̃]	Rechnung
tout de suite [tudsɥit]	sofort
vendredi *m.* [vɑ̃drədi]	Freitag
le soir [swar]	Abend
si [si]	wenn
bon/ne [bɔ̃/bɔn]	gut
une idée [ide]	Idee
le programme [prɔgram]	Programm
je t'envoie … [ʒətɑ̃vwa]	ich schicke dir …
envoyer qc à qn (Konjugation S. 113) [ɑ̃vwaje]	schicken
parfait/e [parfɛ/parfɛt]	wunderbar
à [a]	bis
salut [saly]	tschüs
la soirée [sware]	Abend

2. Hören Sie sich das Gespräch noch einmal an und kreuzen Sie die richtige Antwort an.

commander qc à qn [kɔmɑ̃de]	bestellen

S. 35

3. Spielen Sie in Gruppen. Sie befinden sich in der Snackbar des Flughafens. Eine Person spielt die Rolle des Kellners, die anderen sind Kunden.

a. Sie bestellen Getränke und Snacks.

b. Sie unterhalten sich mit Ihrem Nachbarn/Ihrer Nachbarin.
c. Sie bitten um die Rechnung.

la carte [kart]	Karte
la boisson [bwasɔ̃]	Getränk
le vin [vɛ̃]	Wein
rouge [ruʒ]	rot
blanc/-che [blɑ̃/blɑ̃ʃ]	weiß
rosé [roze]	rosé (nur für Wein)
le jus [ʒy]	Saft
la tomate [tɔmat]	Tomate
une orange [ɔrɑ̃ʒ]	Orange
la pomme [pɔm]	Apfel
une eau minérale [omineral]	Mineralwasser
le café [kafe]	Kaffee
le chocolat [ʃɔkɔla]	Schokolade
le thé [te]	schwarzer Tee
une infusion [ɛ̃fyzjɔ̃]	Kräutertee
un croque-monsieur [krɔkməsjø]	getoastetes Schinken-Käse-Sandwich
un croque-madame [krɔkmadam]	croque-monsieur mit Spiegelei
le jambon [ʒɑ̃bɔ̃]	Schinken
le fromage [frɔmaʒ]	Käse
manger qc (Konjugation S. 113) [mɑ̃ʒe]	essen
quelque chose [kɛlkəʃoz]	etwas
quel/le [kɛl]	welche/r/s
la compagnie [kɔ̃paɲi]	Gesellschaft
les États-Unis [etazyni]	Vereinigte Staaten
le Japon [ʒapɔ̃]	Japan
l'Allemagne [almaɲ]	Deutschland
l'Autriche [otriʃ]	Österreich
le Canada [kanada]	Kanada
le Maroc [marɔk]	Marokko
les Pays-Bas [peiba]	Niederlande

S. 36

4. Lesen Sie Clémentines Mail, wandeln Sie sie dann in ein Telefongespräch zwischen Philippe und Clémentine um.

un objet [ɔbʒɛ]	*hier*: Betreff
le film [film]	Film
proposer qc à qn [prɔpoze]	vorschlagen
le parfum [parfɛ̃]	Parfum
la dame [dam]	Dame
noir/e [nwar]	schwarz
le policier [pɔlisje]	*hier*: Krimi
d'après [daprɛ]	nach
le roman [rɔmɑ̃]	Roman
le rendez-vous [rɑ̃devu]	*hier*: Treffpunkt
devant [dəvɑ̃]	vor
la séance [seɑ̃s]	Vorstellung
allô [alo]	Ausruf (am Telefon)
le genre [ʒɑ̃r]	Art
passer [pase]	*hier*: laufen
le plaisir [plezir]	Vergnügen

5. Zu zweit. Mit Ihrem Partner/Ihrer Partnerin einigen Sie sich auf eine gemeinsame Aktivität. Machen Sie einen Tag, eine Uhrzeit und einen Treffpunkt fest. Spielen Sie dann die Szene vor.

une exposition [ɛkspozisjɔ̃]	Ausstellung
le musée [myze]	Museum
la station de métro [stasjɔ̃dmetro]	U-Bahnstation
un arrêt [arɛ]	Haltestelle
le jour [ʒur]	Tag
lundi *m.* [lɛ̃di]	Montag
mardi *m.* [mardi]	Dienstag
mercredi *m.* [mɛrkrədi]	Mittwoch
jeudi *m.* [ʒødi]	Donnerstag

samedi *m.* [samdi]	Samstag
dimanche *m.* [dimɑ̃ʃ]	Sonntag

S. 37

6. Hören Sie sich erst das Telefongespräch an, ohne den Text zu lesen. Welches Problem hat Herr Renaud?

la société [sɔsjete]	Gesellschaft
je pourrais (*Inf.* ***pouvoir***) (Konjugation S. 127) [purɛ]	ich könnte
ne quittez pas [nəkitepɑ]	bleiben Sie dran
le bureau [byro]	Büro
rappeler qn [rapəle]	zurückrufen
ce n'est pas la peine [snɛpɑlapɛn]	es ist nicht nötig
l'appareil *m.* [aparɛj]	Apparat
avoir rendez-vous [avwar rɑ̃devu]	einen Termin haben
un avion [avjɔ̃]	Flugzeug
environ [ɑ̃virɔ̃]	circa
le retard [rətar]	Verspätung
aucun/e [okɛ̃/okyn]	kein
laisser qc à qn [lɛse]	lassen
le message [mesaʒ]	Nachricht
à tout à l'heure [atutalœr]	bis später

7. Lesen Sie jetzt den Dialog und notieren Sie die Ausdrücke, die beide Personen in folgenden Situationen verwenden.

8. Zu zweit. Wählen Sie eine Situation und eine Rolle. Spielen Sie dann die Szene vor.

appeler qn (Konjugation S.113) [aple]	anrufen
inviter qn [ɛ̃vite]	einladen
louer qc [lue]	mieten
septembre *m.* [sɛptɑ̃br]	September

désolé/e [dezɔle]	es tut mir leid
regretter qc [rəgrete]	bedauern
excuse-moi [ɛkskyzmwa]	entschuldige mich
dommage [dɔmaʒ]	Schade
pouvoir [puvwar]	können
libre [libr]	frei

S. 40

demain [dəmɛ̃]	morgen

S. 41

la Grèce [grɛs]	Griechenland

UNITÉ 5 À LA ROCHELLE

S. 42

1. Schauen Sie sich die Karte Frankreichs auf der vorderen Umschlaginnenseite an und orten Sie La Rochelle.

entre [ɑ̃tr]	zwischen

2. Kennen Sie La Rochelle ?

S. 42/43

3. Lesen Sie den Text über La Rochelle und notieren Sie die Schlüsselwörter für jeden Abschnitt.

une histoire [istwar]	Geschichte
le siège [sjɛʒ]	Belagerung
par [par]	durch, von
la troupe [trup]	Truppe
raconter qc à qn [rakɔ̃te]	erzählen
en effet [ɑ̃nefɛ]	tatsächlich
le siècle [sjɛkl]	Jahrhundert
la capitale [kapital]	Hauptstadt
le protestantisme [prɔtɛstɑ̃tism]	Protestantismus
huguenot/e [ygəno/ygənɔt]	hugenottisch
un/e allié/e [alje]	Verbündete/r
l'Angleterre *f.* [ɑ̃glətɛr]	England
alors [alɔr]	damals
la guerre [gɛr]	Krieg
nombreux/-euses [nɔ̃brø/nɔ̃brøz]	zahlreich
créer qc [kree]	schaffen
la relation [rəlasjɔ̃]	Verbindung
commercial/e [kɔmɛrsjal]	Handels-

important/e [ɛ̃pɔrtɑ̃/ɛ̃pɔrtɑ̃t]	wichtig
leur [lœr]	ihr/e
la patrie [patri]	Vaterland, Heimat
le port [pɔr]	Hafen
une architecture [arʃitɛktyr]	Architektur
refléter qc (Konjugation S. 113) [rəflete]	widerspiegeln
la richesse [riʃɛs]	Reichtum
un hôtel [ɔtɛl]	*hier*: herrschaftliches Stadthaus
aristocratique [aristɔkratik]	adlig
une galerie [galri]	Galerie
une arcade [arkad]	Arkade
la révocation [revɔkasjɔ̃]	Aufhebung
l'Édit de Nantes *m.* [edidnɑ̃t]	Edikt von Nantes
la perte [pɛrt]	Verlust
au profit de [oprɔfidə]	zu Gunsten von
marquer qc [marke]	*hier*: signalisieren
le déclin [deklɛ̃]	Niedergang
son/sa/ses [sɔ̃/sa/se]	sein/e, ihr/e
le port de pêche [pɔrdəpɛʃ]	Fischereihafen
le port de plaisance [pɔrdəplɛzɑ̃s]	Jachthafen
jeune [ʒœn]	jung
une université [ynivɛrsite]	Universität
le centre [sɑ̃tr]	Zentrum
économique [ekɔnɔmik]	Wirtschafts-
culturel/le [kyltyrɛl]	Kultur-
une année [ane]	Jahr
passionné/e [pasjɔne]	begeistert
se retrouver [sərətruve]	sich treffen

S. 43

4. Beschreiben Sie La Rochelle in wenigen kurzen Sätzen.

5. In Gruppen schreiben Sie einen kurzen informativen Text über Ihre Stadt.

connu/e [kɔny]	bekannt

6. Hören Sie sich den Dialog an und verfolgen Sie auf dem Plan die Wegbeschreibung vom Verkehrsamt zum Bahnhof. Kreuzen Sie die richtigen Antworten an.

un office de tourisme [ɔfisdəturism]	Verkehrsamt
pardon [pardɔ̃]	Entschuldigung
la gare [gar]	Bahnhof
à droite [adrwat]	rechts
là [la]	da
le feu [fø]	Ampel
traverser qc [travɛrse]	überqueren
continuer [kɔ̃tinɥe]	weitergehen
une avenue [avny]	Avenue
tout droit [tudrwa]	gerade aus
le rond-point [rɔ̃pwɛ̃]	Kreisel, Kreuzung
répéter qc à qn (Konjugation S. 113) [repete]	wiederholen
donc [dɔ̃k]	also
à gauche [agoʃ]	links

7. Hören Sie sich den Dialog noch einmal an und ergänzen Sie ihn.

S. 44

8. Hören Sie sich die Dialoge an und verbinden Sie.

comprendre qn/qc (Konjugation S. 126) [kɔ̃prɑ̃dr]	verstehen
ici [isi]	hier
aider qn [ɛde]	helfen
gentil/le [ʒɑ̃ti/ʒɑ̃tij]	nett
simple [sɛ̃pl]	einfach

je vous en prie [ʒəvuzɑ̃pri]	bitte schön
prier qn [prije]	bitten

9. Lesen Sie den Text und finden Sie heraus, welche Gebäude den Nummern entsprechen.

le parc [park]	Parkanlage
se trouver [sətruve]	sich befinden
à côté (de) [akote]	neben
les halles *f. Pl.* [lɛal]	Hallen
la poste [pɔst]	Post
la cathédrale [katedral]	Dom
les beaux-arts [bozar]	die schönen Künste
le marché [marʃe]	Markt

S. 45

10. Ergänzen Sie den Text.

la place [plas]	Platz
vieux/vieil/vieille [vjø/vjɛj/vjɛj]	alt
plus loin [plylwɛ̃]	weiter weg
loin [lwɛ̃]	weit, entfernt
le rempart [rɑ̃par]	Stadtmauer
piéton/ne [pjetɔ̃/pjetɔn]	Fußgänger-
le salon nautique [salɔ̃notik]	Wassersportmesse
jusqu'à [ʒyska]	bis
tourner [turne]	abbiegen
le pont [pɔ̃]	Brücke
une entrée [ɑ̃tre]	Eingang

11. Bilden Sie Sätze mit folgenden Elementen.

une église [egliz]	Kirche

12. Spielen Sie zu zweit. A schaut sich die Zeichnung auf S. 128 an, B die Zeichnung auf S. 130. Finden Sie die sechs Unterschiede zwischen beiden Zeichnungen heraus.

13. Spielen Sie zu zweit. Sie sind in Carcassonne. A schaut sich den Stadtplan auf S. 129 an, B den Plan auf S. 131.
A sucht den Canal-du-midi-Hafen, die Kirche St. Vincentius, die Post, das Museum, den Carnotplatz.
B sucht den Bahnhof, die Kathedrale St. Michael, das Theater, das Rathaus, die Gambetta-Grünanlage.
Sie befinden sich auf dem Parkplatz am Général de Gaulle-Platz.

14. Zu zweit. A spielt eine/n französische/n Touristin/-en in Ihrer Stadt. Sie/Er sucht zwei Sehenswürdigkeiten. B erklärt ihr/ihm den Weg. Tauschen Sie dann die Rollen.

S. 48

derrière [dɛrjɛr]	hinter
municipal/e [mynisipal]	Gemeinde-
encore [ɑ̃kɔr]	noch
la pharmacie [farmasi]	Apotheke

OPTION 1

S. 50

1. Schauen Sie sich die drei Bilder aus einem Comic von Claire Bretécher an und erfinden Sie Dialoge zwischen den verschiedenen Personen.

2. Der Abend ist zu Ende. Die Gäste gehen. Was sagen sie? Erfinden Sie und spielen Sie die Szene vor.

S. 51

3. Hören Sie sich das Chanson der *Compagnie Créole* an und ergänzen Sie den Text.

S. 52

4. Schauen Sie sich die Bilder an und finden Sie das gemeinsame Verb. Übersetzen Sie diese Sätze ins Deutsche.

5. Schauen Sie sich die Karte an.
   a. Schreiben Sie die französischen Namen folgender Städte.
   b. In welchem Bundesland wohnen Sie?

S. 53

6. Notieren Sie die Ausdrücke aus dem Dialog, die folgenden Ausdrücken entsprechen.

7. Ihr Unternehmen sucht neue Büroräume. Welche Anzeigen könnten in Frage kommen?

8. Anlässlich eines Kongresses empfängt Ihr Unternehmen französische Kunden. Einige Personen kommen mit dem Auto. Schreiben Sie einen Brief: Sie beschreiben den Weg zum Kongresszentrum von der Autobahnausfahrt oder vom Bahnhof ab.

cordialement [kɔrdjalmɑ̃] mit freundlichen Grüßen

UNITÉ 6 À L'HÔTEL

S. 54

1. Welchen Komfort bietet das Hotel Carlton seinen Kunden?

offrir qc à qn (Konjugation S. 126) [ɔfrir]	bieten
ouvert/e [uvɛr/uvɛrt]	offen
la nuit [nɥi]	Nacht
Canal + [kanalplys]	*TV-Sender*
le satellite [satɛlit]	Satellitenempfang
non-fumeur [nɔ̃fymœr]	Nichtraucher
la prise [priz]	Steckdose

2. Sie suchen ein Hotel. Was ist für Sie wichtig? Tauschen Sie sich aus.

devoir (Konjugation S. 126) [dəvwar]	müssen, sollen
calme [kalm]	ruhig
pratique [pratik]	praktisch
une ambiance [ɑ̃bjɑ̃s]	Atmosphäre
agréable [agreabl]	angenehm
un accueil [akœj]	Empfang
sympathique [sɛ̃patik]	sympathisch, nett

S. 55

3. Hören Sie zu und kreuzen Sie die richtige Antwort an.

réserver qc [resɛrve]	reservieren
par téléphone [partelefɔn]	telefonisch
une chambre double [ʃɑ̃brədubl]	Doppelzimmer
le lit [li]	Bett
le petit-déjeuner [pətidejøne]	Frühstück
compris [kɔ̃pri]	inbegriffen

non compris [nɔ̃kɔ̃pri]	nicht inbegriffen
bruyant/e [brɥijɑ̃/brɥijɑ̃t]	laut
payer qc (Konjugation S. 113) [pɛje]	zahlen
en liquide [ɑ̃likid]	bar
la carte bancaire [kartbɑ̃kɛr]	Kreditkarte
donner sur (le jardin) [dɔnesyr]	auf etwas hingehen
épeler qc (Konjugation S. 113) [eple]	buchstabieren
un ascenseur [asɑ̃sœr]	Fahrstuhl
le séjour [seʒur]	Aufenthalt

4. Hören Sie sich den Dialog an der Hotelrezeption noch einmal an und notieren Sie die nützlichen Ausdrücke, um ein Zimmer zu reservieren. Ergänzen Sie Ihre Liste mit Ihrem Nachbarn/Ihrer Nachbarin.

janvier *m.* [ʒɑ̃vje]	Januar
février *m.* [fevrije]	Februar
mars *m.* [mars]	März
avril *m.* [avril]	April
mai *m.* [mɛ]	Mai
juin *m.* [ʒɥɛ̃]	Juni
juillet *m.* [ʒɥijɛ]	Juli
août *m.* [u/ut]	August
octobre *m.* [ɔktɔbr]	Oktober
novembre *m.* [nɔvɑ̃br]	November
décembre *m.* [desɑ̃br]	Dezember
la date [dat]	Datum

5. Zu zweit. A möchte Informationen haben, um ein Zimmer im Hotel «Océan Hôtel Loisirs» zu reservieren. B antwortet ihm/ihr mit Hilfe der Symbole S. 131. Wechseln Sie die Rolle für das «Hôtel Lescore» (Symbole S. 129).

6. Herr Richard ist in seinem Hotel angekommen. Einige Minuten später fragt ihn der Hotelier an der Rezeption, ob er zufrieden ist. Erfinden Sie kurze Dialoge.

qu'est-ce qui? [kɛski]	was?
la lumière [lymjɛr]	Licht
la douche [duʃ]	Dusche
le lavabo [lavabo]	Waschbecken
la vue [vy]	Aussicht
marcher [marʃe]	funktionieren
bouché/e [buʃe]	verstopft

7. Herr und Frau Schneider verlassen das Hotel. Erfinden Sie den Dialog zwischen Herrn Schneider und dem Angestellten an der Rezeption.

la note [nɔt]	Rechnung
consommer qc [kɔ̃sɔme]	verbrauchen, zu sich nehmen

S. 56

8. Sie wollen ein paar Ferientage auf dem Land verbringen. Welche Unterkunft wählen Sie, wenn …

provençal/e [prɔvɑ̃sal]	provenzalisch
le contact [kɔ̃takt]	Kontakt
la population [pɔpylasjɔ̃]	Bevölkerung
local/e [lɔkal]	lokal
une chambre d'hôtes [ʃɑ̃brədot]	Fremdenzimmer
plusieurs [plyzjœr]	mehrere
accueillir qn [akœjir]	empfangen
la demeure [dəmœr]	Wohnsitz
beau/bel/belle [bo/bɛl/bɛl]	schön
un arbre [arbr]	Baum
une atmosphère [atmɔsfɛr]	Atmosphäre
familial/e [familjal]	familiär
attendre qn/qc (Konjugation S. 126) [atɑ̃dr]	erwarten
une alliance [aljɑ̃s]	Verbindung
le charme [ʃarm]	Charme
une étape [etap]	Etappe

lors de [lɔrdə]	während
le voyage d'affaires [vwajaʒdafɛr]	Geschäftsreise
le séminaire [seminɛr]	Seminar
la réception [resɛpsjɔ̃]	Empfang
le sourire [surir]	Lächeln
l'efficacité [efikasite]	Tüchtigkeit, Effizienz
vrai/e [vrɛ]	echt
le/la professionnel/le [prɔfɛsjɔnɛl]	Fachmann/-frau
la salle [sal]	Saal
la réunion [reynjɔ̃]	Konferenz
la spécialité [spesjalite]	Spezialität
régional/e [reʒjɔnal]	regional
le pays [pei]	Land
fermé [fɛrme]	geschlossen
le/la handicapé/e [lə/la ɑ̃dikape]	Behinderte/r
un site [sit]	*hier*: Stelle, Möglichkeit
continental/e [kɔ̃tinɑ̃tal]	kontinental
sous forme de [sufɔrmədə]	als
le buffet [byfɛ]	Büfett

9. Anne und Emmanuel haben ein paar Tage im Relais d'Aubagne verbracht. Lesen Sie die Postkarte an ihre Freundin Maryse. Was haben Anne und Emmanuel während ihrer Ferien gemacht?

passer qc? [pase]	verbringen
merveilleux/-euse [mɛrvɛjø/mɛrvɛjøz]	wunderbar
nager [naʒe]	schwimmen
marcher [marʃe]	laufen, wandern
un peu de [ɛ̃pødə]	etwas
une balade [balad]	Spaziergang, (Rad)Wanderung
dîner [dine]	zu Abend essen
goûter à qc [gute]	kosten, probieren
vraiment [vrɛmɑ̃]	wirklich
délicieux/-euse [delisjø/delisjøz]	köstlich
acheter qc à qn (Konjugation S. 113) [aʃte]	kaufen

la recette [rəsɛt]	Rezept
rentrer [rɑ̃tre]	nach Hause zurückfahren
malheureusement [malørøzmɑ̃]	leider
à bientôt [abjɛ̃to]	bis bald

S. 57

10. Nach ihrer Rückkehr ruft Anne eine Freundin an und erzählt ihr von ihren Ferien. Zu zweit spielen Sie den Dialog vor.

loger [lɔʒe]	wohnen

11. Nadine hat ein Wochenende bei Brigitte und Charles Viennet verbracht. Was erzählt Sie ihren Kollegen am Montagmorgen?

rencontrer qn [rɑ̃kɔ̃tre]	treffen
visiter qc [vizite]	besichtigen
déjeuner [deʒœne]	zu Mittag essen
discuter de qc avec qn [diskyte]	sich unterhalten
admirer qn/qc [admire]	bewundern
la ville [vil]	Stadt
le village [vilaʒ]	Dorf
pittoresque [pitɔrɛsk]	malerisch
les gens [ʒɑ̃]	Leute
sympa/sympathique [sɛ̃pa/sɛ̃patik]	sympathisch
un/e hôte/-esse [ot/otɛs]	Gastgeber/in
une abbaye [abei]	Abtei
un hôtel-Dieu [ɔtɛldjø]	Hospiz

12. Was haben Sie am letzten Wochenende gemacht? Erzählen Sie.

13. In Gruppen erzählen Sie, wie Sie Ihre Ferien verbringen.

le voyage organisé [vwajaʒɔrganize]	Gruppenreise
lointain/e [lwɛ̃tɛ̃/lwɛ̃tɛn]	weit, fern

faire du camping [fɛrdykɑ̃piŋ]	zelten
faire du tourisme [fɛrdyturism]	zum Vergnügen reisen

S. 59

content/e [kɔ̃tɑ̃/kɔ̃tɑ̃t]	zufrieden
mécontent/e [mekɔ̃tɑ̃/mekɔ̃tɑ̃t]	unzufrieden
suite à [sɥita]	Bezug nehmend auf
un appel [apɛl]	Anruf
confirmer [kɔ̃firme]	bestätigen
Veuillez agréer mes salutations distinguées [vøjezagreemesalytasjɔ̃distɛ̃ge]	mit freundlichen Grüßen

S. 60

le cadre [kadr]	Rahmen
exceptionnel/le [eksɛpsjɔnɛl]	außergewöhnlich
excellent/e [ekselɑ̃/ekselɑ̃t]	ausgezeichnet

UNITÉ 7 À PARIS

S. 62

1. Waren Sie schon in Paris? Was hat Ihnen gefallen? Was haben Sie nicht gemocht? Was hat Sie überrascht?

la tour [tur]	Turm
la bibliothèque [biblijɔtɛk]	Bibliothek
le cimetière [simtjɛr]	Friedhof

S. 63

2. Sie sind am Flughafen Paris-Charles-de-Gaulle angekommen und Sie stehen vor den Schaltern RER/RATP und TGV. Hören Sie zu und ordnen Sie die Gesprächsfetzen dem passenden Schalter zu.

pour [pur]	*hier*: nach
quand [kɑ̃]	wann
partir (Konjugation S. 127) [partir]	abfahren
prochain/e [prɔʃɛ̃/prɔʃɛn]	nächste/r/s
le train [trɛ̃]	Zug
le départ [depar]	Abfahrt
à partir de [apartirdə]	ab
une arrivée [arive]	Ankunft
le centime [sɑ̃tim]	Cent
accepter qc [aksɛpte]	annehmen
un aller et retour [aleertur]	Rückfahrkarte
la classe [klas]	Klasse
la réservation [rezɛrvasjɔ̃]	Reservierung
obligatoire [ɔbligatwar]	obligatorisch
la correspondance [kɔrɛspɔ̃dɑ̃s]	Anschluss
garder qc [garde]	behalten
le ticket [tikɛ]	Fahrschein

valider qc [valide]	entwerten
la fois [fwa]	Mal
le billet [bijɛ]	Fahrkarte
le groupe [grup]	Gruppe
le/la touriste [turist]	Tourist/in
individuel/le [ɛ̃dividɥɛl]	einzeln
seulement sœlmɑ̃]	nur
changer [ʃɑ̃ʒe]	umsteigen
direct/e [dirɛkt]	direkt
la ligne [liɲ]	Linie
le numéro [nymero]	Nummer
la direction [dirɛksjɔ̃]	Richtung
le carnet [karnɛ]	*hier*: Zehnerblock
le monument [mɔnymɑ̃]	Denkmal

3. Hören Sie sich die Gespräche an den Schaltern noch einmal an und notieren Sie den nötigen Wortschatz, um mit der Metro oder dem Zug zu fahren.

4. Zu zweit. Schauen Sie sich die Pläne S. 157 und 158 an. Suchen Sie zwei Sehenswürdigkeiten aus und fragen Sie Ihren Partner/Ihre Partnerin, wie Sie von der einen zur anderen fahren können.

5. Hören Sie sich den Dialog an und ergänzen Sie ihn.

enfin [ɑ̃fɛ̃]	endlich
longtemps [lɔ̃tɑ̃]	lange
perdre qn/qc (Konjugation S. 127) [pɛrdr]	verlieren
le couloir [kulwar]	Gang
descendre [dɛsɑ̃dr]	aussteigen
mauvais/e [mɔ̃vɛ/mɔvɛz]	*hier*: falsch
le matin [matɛ̃]	Morgen
monter [mɔ̃te]	steigen
faire un tour [fɛrɛ̃tur]	eine Runde drehen
la foule [ful]	Menschenmenge

venir (Konjugation S. 127) [vənir]	kommen
tropical/e [trɔpikal]	tropisch
le chauffeur [ʃofœr]	Fahrer
faire attention à qn/qc [fɛratɑ̃sjɔ̃]	aufpassen
au lieu de [oljødə]	anstatt
le terminus [tɛrminys]	Endstation
à pied [apje]	zu Fuß
célèbre [selɛbr]	berühmt
le quai [kɛ]	Kai, Uferstraße
la chance [ʃɑ̃s]	Glück

S. 64

6. Zu zweit. Sie verbringen ein paar Tage in Paris. Wählen Sie einen der folgenden Aspekte.
Einigen Sie sich mit Ihrem Partner/Ihrer Partnerin auf ein Tagesprogramm.

historique [istɔrik]	historisch
le luxe [lyx]	Luxus
s'intéresser à qn/qc [sɛ̃terese]	sich interessieren
le palais [palɛ]	Palast
la résidence [rezidɑ̃s]	Residenz
le bijoutier [biʒutje]	Juwelier
terminé/e [tɛrmine]	beendet
immense [immɑ̃s]	riesig
le centre commercial [sɑ̃trəkɔmɛrsjal]	Einkaufzentrum
souterrain/e [sutɛrɛ̃/sutɛrɛn]	unterirdisch
rendre [rɑ̃dr]	*hier*: machen
royal/e [rwajal]	königlich
le siège [sjɛʒ]	Sitz
la prison [prizɔ̃]	Gefängnis
une antichambre [ɑ̃tiʃɑ̃br]	Vorzimmer
faire partie de qc [fɛrpartidə]	zu etwas gehören
la justice [ʒystis]	Justiz

la science [sjɑ̃s]	Wissenschaft
une industrie [ɛ̃dystri]	Industrie
construit/e [kɔ̃strɥi/kɔ̃strɥit]	erbaut
universel/le [ynivɛrsɛl]	Welt-
abriter qc [abrite]	beherbergen
la coupole [kupɔl]	Kuppel
totalement [tɔtalmɑ̃]	ganz
refait/e [rəfɛ/rəfɛt]	neu gemacht
renfermer qc [rɑ̃fɛrme]	enthalten
le tombeau [tɔ̃bo]	Grab
inauguré/e [inɔgyre]	eröffnet

S. 65

7. Erzählen Sie, was Sie gestern/heute Morgen getan, was Sie gesehen, wen Sie getroffen haben. Erzählen Sie auch die kleinen Missgeschicke und die schönen Überraschungen.

S. 67

faire la connaissance de qn [fɛrlakɔnɛsɑ̃sdə]	kennen lernen

S. 69

embrasser qn [ɑ̃brase]	umarmen

UNITÉ 8 À TABLE

S. 70

à table [atabl]	zu Tisch
la table [tabl]	Tisch

1. Lesen Sie die Comicseite von Pétillon und kreuzen Sie die richtige Antwort an.

japonais/e [ʒapɔnɛ/ʒapɔnɛz]	japanisch
entendre qn/qc [ɑ̃tɑ̃dr]	hören
la clientèle [klijɑ̃tɛl]	Kundschaft
véritable [veritabl]	echt
normand/e [nɔrmɑ̃/nɔrmɑ̃d]	aus der Normandie
le calendo (*ugs.*) [kalɑ̃do]	Käse
pareil/le [parɛj]	gleich
le/la crémier/-ière [kremje/kremjɛr]	Milch- und Käsehändler/in
normal/e [nɔrmal]	normal
le crime [krim]	Verbrechen

S. 71

2. In welchen Abteilungen kaufen Sie folgende Produkte?

le légume [legym]	Gemüse
le sucre [sykr]	Zucker
un œuf, des œufs [ɛ̃nœf/dezœf]	Ei
le fruit [frɥi]	Obst
les pâtes [pɑt]	Nudeln
la confiture [kɔ̃fityr]	Marmelade
la conserve [kɔ̃sɛrv]	Konserve
la charcuterie [ʃarkytri]	Fleisch- und Wurstwaren (-geschäft/-abteilung)

le riz [ri]	Reis
le lait [lɛ]	Milch
la viande [vjɑ̃d]	Fleisch
le pain [pɛ̃]	Brot
le yaourt [jaurt]	Joghurt
le saucisson [sosisɔ̃]	Hartwurst, Salami
le beurre [bœr]	Butter
la crémerie [kremri]	Milch- und Käsegeschäft/ -abteilung
une épicerie [episri]	Lebensmittelgeschäft/ -abteilung
la boucherie [buʃri]	Fleischerei
la boulangerie [bulɑ̃ʒri]	Bäckerei

3. Wo kaufen Sie ein? Stellen Sie Fragen nach dem angegebenen Muster. Begründen Sie Ihre Antwort.

de temps en temps [dətɑ̃zɑ̃tɑ̃]	von Zeit zu Zeit
la qualité [kalite]	Qualität
meilleur/e [mɛjœr]	besser
plus près [plyprɛ]	näher
près [prɛ]	nah
plus frais [plyfrɛ]	frischer
frais/fraîche [frɛ/frɛʃ]	frisch

4. Hören Sie sich das Gespräch an und ergänzen Sie das Menü des Geburtstagsessens.

le dîner [dine]	Abendessen
un anniversaire [anivɛrsɛr]	Geburtstag
une entrée [ɑ̃tre]	Vorspeise
le plat principal [plaprɛ̃sipal]	Hauptgericht
la salade [salad]	Salat
le dessert [desɛr]	Nachtisch
le pâté [pɑte]	Pastete

ensuite [ɑ̃sɥit]	danach
la blanquette [blɑ̃kɛt]	Kalbsfrikassee
le veau [vo]	Kalb
le gâteau [gɑto]	Kuchen, Torte
préparer [prepare]	vorbereiten
léger/-ère [leʒe/leʒɛr]	leicht
le repas [r(ə)pɑ]	Mahlzeit
faire les courses [fɛrlekurs]	einkaufen
partager qc avec qn [partaʒe]	teilen
le traiteur [trɛtœr]	Feinkostgeschäft
la cave [kav]	Keller
par contre [parkɔ̃tr]	dagegen; *hier*: aber
la crème fraîche [krɛmfrɛʃ]	Crème fraîche
la sauce [sos]	Sauce
tout [tu]	alles
le/la boucher/-ère [buʃe/buʃɛr]	Fleischer/in

5. Hören Sie sich das Gespräch noch einmal an und ergänzen Sie folgende Sätze.

ne … plus [nə ply]	nicht mehr

S. 72

6. Frau Lemaire ist auf dem Markt. Stellen Sie den Dialog wieder her.

à qui le tour? [akiltur]	wer ist dran?
le tour [tur]	Reihe
le gramme [gram]	Gramm
le champignon [ʃɑ̃piɲɔ̃]	Champignon
le kilo [kilo]	Kilo
la pomme de terre [pɔmdətɛr]	Kartoffel
autre chose [otrəʃoz]	etwas anderes
devoir qc à qn [dəvwar]	schulden

7. Kaufen Sie für ein Picknick ein. Gruppe A schreibt eine Einkaufsliste und geht zum Markt: wer/was/wie viel. Gruppe B übernimmt die Marktstände: Produkte/Preise. Spielen Sie die Szene vor.

la quantité [kɑ̃tite]	Menge
le pot [po]	Glas, Becher
le morceau [mɔrso]	Stück
la tranche [trɑ̃ʃ]	Scheibe
le paquet [pakɛ]	Packung, Tüte
la boîte [bwat]	Dose
quelques [kɛlk]	einige
la pâtisserie [pɑtisri]	Konditorei

8. Lesen Sie Cyrils Einladung. Hören Sie sich dann die Nachrichten auf dem Anrufbeantworter an. Fassen Sie die Informationen zusammen.

fêter qc [fɛte]	feiern
un événement [evɛnmɑ̃]	Ereignis
organiser qc [ɔrganize]	organisieren
la fête [fɛt]	Fest, Feier
compter sur qn [kɔ̃tesyr]	mit jdm rechnen
absent/e [absɑ̃/absɑ̃t]	abwesend
le moment [mɔmɑ̃]	Augenblick
le bip sonore [bipsɔnɔr]	Signalton
apporter qc à qn [apɔrte]	mitbringen
le cadeau [kadɔ]	Geschenk
la surprise [syrpriz]	Überraschung
arriver [arive]	ankommen
le cours [kur]	Kurs, Stunde
une excuse [ɛkskyz]	Entschuldigung
une invitation [ɛ̃vitasjɔ̃]	Einladung
malade [malad]	krank
la grippe [grip]	Grippe
bon anniversaire! [bɔnanivɛrsɛr]	herzlichen Glückwunsch zum Geburtstag!

le/la cousin/e [kuzɛ̃/kuzin]	Cousin/e
déranger qn [derɑ̃ʒe]	stören
passer [pase]	vorbeikommen
juste [ʒyst]	nur
un aéroport [aeropɔr]	Flughafen

S. 73

9. Was sagt man in folgenden Situationen? Verbinden Sie.

10. Cyril hat auch Sie eingeladen. Sie können aber leider nicht kommen. Schreiben Sie Cyril einen kurzen Brief oder hinterlassen Sie ihm eine Nachricht auf dem Anrufbeantworter.

11. Hören Sie sich die Gesprächsfetzen an und notieren Sie drei Ausdrücke, um ein Gericht oder ein Getränk zum zweiten Mal anzubieten.

le secret [səkrɛ]	Geheimnis
servir qc à qn (Konjugation S. 127) [sɛrvir]	bedienen
avoir faim [avwarfɛ̃]	Hunger haben
reprendre de qc [rəprɑ̃dr]	*hier*: noch einmal von etwas nehmen

12. Hören Sie sich die Gespräche noch einmal an und kreuzen Sie an, was ein Gast absolut nicht bei Tisch sagen darf.

avoir soif [avwarswaf]	Durst haben
juste un tout petit peu [ʒystɛ̃tuptipø]	nur ein kleines bisschen

13. In Vierergruppen erfinden Sie eine Situation beim Essen. Wählen Sie eine Rolle aus: Gastgeberin, Gastgeber oder Gast. Vergessen Sie nicht, Komplimente zu machen, die Gäste zu ermuntern, ein 2. Mal von einem Gericht zu nehmen, usw.

S. 75

les céréales [sereal]	Müsli

S. 77

boire qc (Konjugation S. 126) [bwar]	trinken
le rayon [rɛjɔ̃]	Abteilung

UNITÉ 9 LES 4 SAISONS

S. 78

la saison [sɛzɔ̃]	Jahreszeit
la cueillette [kœjɛt]	pflücken
la fleur [flœr]	Blume
le/la semeur/-euse [səmœr/səmøz]	Sämann/Säerin
le temps [tɑ̃]	Wetter
la pluie [plɥi]	Regen
la neige [nɛʒ]	Schnee

1. Welche Gemälde mögen Sie? An welche Jahreszeit denken Sie? Diskutieren Sie.

penser à qn/qc [pɑ̃se]	denken

2. Wie ist Ihre Stimmung zu den verschiedenen Jahreszeiten?

en général [ɑ̃ʒeneral]	im Allgemeinen
le printemps [prɛ̃tɑ̃]	Frühling
un été [ete]	Sommer
un automne [otɔn]	Herbst
un hiver [ivɛr]	Winter
gai/e [gɛ]	fröhlich
triste [trist]	traurig
optimiste [ɔptimist]	optimistisch
pessimiste [pesimist]	pessimistisch
dynamique [dinamik]	dynamisch
déprimé/e [deprime]	deprimiert
en forme [ɑ̃fɔrm]	fit
fatigué/e [fatige]	müde

S. 79

3. Hören Sie zu und verbinden Sie.

il fait chaud [ilfɛʃo]	es ist warmes Wetter
chaud/e [ʃo/ʃod]	warm
un orage [ɔraʒ]	Gewitter
il pleut (*Inf.* ***pleuvoir***) (Konjugation S. 127) [ilplø]	es regnet
le ciel [sjɛl]	Himmel
couvert/e [kuvɛr/kuvɛrt]	bedeckt
en plus [ɑ̃plys]	dazu
froid/e [frwa/frwad]	kalt
espérer qc [espere]	hoffen
tard [tar]	spät
le brouillard [brujar]	Nebel
neiger [nɛʒe]	schneien
le nuage [nɥaʒ]	Wolke
le vent [vɑ̃]	Wind

4. Hören Sie sich die Wettervorhersage an. Gruppe A macht sich Notizen über das Wetter im Norden, Gruppe B über das Wetter im Süden des Landes. Jede Gruppe legt anschließend der anderen ihre Ergebnisse vor.

passer à qc [pase]	zu etwas übergehen
la météo [meteo]	Wetterbericht
au nord de [onɔrdə]	nördlich von
le nord [nɔr]	Norden
la prévision [previzjɔ̃]	Vorhersage
ranger [rɑ̃ʒe]	*hier*: wegräumen
sortir qc (Konjugation S. 127) (***hier*** **passé composé: j'ai sorti**) [sɔrtir]	*hier*: herausholen
le parapluie [paraplɥi]	Regenschirm
un/une après-midi [aprɛmidi]	Nachmittag
l'est *m.* [ɛst]	Osten

prévoir qc (Konjugation S. 127) [prevwar]	vorhersagen
le sud [syd]	Süden
formidable [fɔrmidabl]	wunderbar
en perspective [ɑ̃pɛrspɛktiv]	in Aussicht
la température [tɑ̃peratyr]	Temperatur
retourner [rəturne]	zurückkehren
demain matin [dəmɛ̃matɛ̃]	morgen früh
le bulletin [byltɛ̃]	Bericht
l'ouest *m.* [wɛst]	Westen

5. Wie ist das Wetter in diesen französischen Städten? Und wie ist das Wetter in Ihrer Stadt?

mauvais/e [mɔvɛ/mɔvɛz]	schlecht
sec/sèche [sɛk/sɛʃ]	trocken
humide [ymid]	feucht
un temps de chien [ɛ̃tɑ̃dəʃjɛ̃]	ein Hundewetter

S. 80

6. Hören Sie zu und lesen Sie den Text. Finden Sie die Bezeichnung für jedes Kleidungsstück heraus.

la collection [kɔlɛksjɔ̃]	Kollektion
passer la parole [paselaparɔl]	das Wort weitergeben
la parole [parɔl]	Wort
le/la commentateur/-trice [kɔmɑ̃tatœr/kɔmɑ̃tatris]	Kommentator/in
en direct de [ɑ̃dirɛktdə]	live übertragen von
tout d'abord [tudabɔr]	zuerst
la couleur [kulœr]	Farbe
dernier/-ière [dɛrnje/dɛrnjɛr]	letze/r/s
rose [roz]	rosa
bleu/e [blø]	blau
jaune [ʒon]	gelb

vert/e [vɛr/vɛrt]	grün
porter [pɔrte]	tragen
la robe [rɔb]	Kleid
long/-gue [lɔ̃/lɔ̃g]	lang
la jupe [ʒyp]	Rock
court/e [kur/kurt]	kurz
la chemise [ʃəmiz]	Hemd
la rayure [rɛjyr]	Streifen
la chaussure [ʃosyr]	Schuh
la botte [bɔt]	Stiefel
le pull [pyl]	Pulli
naturel/le [natyrɛl]	naturfarben
beige [bɛʒ]	beige
vif/vive [vif/viv]	kräftig (bei Farben)
maintenant [mɛ̃tnɑ̃]	jetzt
le pantalon [pɑ̃talɔ̃]	Hose
large [larʒ]	breit
la veste [vɛst]	Jacke
coloré/e [kɔlɔre]	farbig
gris/e [gri/griz]	grau
violet/te [vjɔlɛ/vjɔlɛt]	lila
enfin [ɑ̃fɛ̃]	schließlich
la tenue [təny]	Kleidung
changer [ʃɑ̃ʒe]	sich ändern
c'est-à-dire [sɛtadir]	das heißt
le jean [dʒin]	Jeanshose
le tee-shirt [tiʃœrt]	T-Shirt
le bermuda [bɛrmyda]	Bermudahose
bref [brɛf]	kurz und gut
marron [marɔ̃]	braun
orange [ɔrɑ̃ʒ]	orangefarben

7. Was ziehen Sie an, wenn es regnet/es warm ist/es kalt ist/Sie zur Arbeit gehen/Sie ausgehen/Sie zu Hause bleiben?

mettre qc (Konjugation S. 126) [mɛtr]	anziehen
la cravate [kravat]	Krawatte
le chapeau [ʃapɔ]	Hut
une écharpe [eʃarp]	Schal
le manteau [mɑ̃to]	Mantel
un imperméable [ɛ̃pɛrmeabl]	Regenmantel

S. 81

8. Schauen Sie sich die Kleidung Ihres Nachbarn/Ihrer Nachbarin an und beschreiben Sie sie. Setzen Sie sich Rücken an Rücken.

9. Vergleichen Sie Jacques mit Maxime.

mince [mɛ̃s]	schlank
fort/e [fɔr/fɔrt]	kräftig
élégant/e [elegɑ̃/elegɑ̃t]	elegant
décontracté/e [dekɔ̃trakte]	locker

10. Ergänzen Sie den Text des Chansons mit Hilfe der Zeichnungen. Geben Sie dem Chanson einen Titel.

faudrait (= il faudrait, *Inf.* ***falloir*****)** (Konjugation S. 126) [fodrɛ]	man müsste
patauger [patoʒe]	waten
la goutte [gut]	Tropfen
dégouliner [deguline]	herunterlaufen
le dos [do]	Rücken
l'amour *m.* [amur]	Liebe
mettre en marche [mɛtrɑ̃marʃ]	in Gang setzen
abominable [abɔminabl]	schrecklich
heureusement [ørøzmɑ̃]	glücklicherweise

il fallait (*Inf. falloir*) [falɛ]	man musste
ne pas empêcher [ɑ̃pɛʃe]	*hier*: es gibt trotzdem
jouer [ʒue]	spielen
transi/e [trɑ̃zi]	starr vor Kälte
les amoureux transis [amurøtrɑ̃zi]	zaghaftes Liebespaar
nous irons (*Inf. aller*) [nuzirɔ̃]	wir werden gehen
oublier qn/qc [ublije]	vergessen

UNITÉ 10 À LA RÉUNION

S. 86

1. Erklären Sie, wo Réunion liegt.

2. Schauen Sie sich die Karte an. Wo befinden sich folgende Elemente?

le volcan [vɔlkɑ̃]	Vulkan
la forêt [fɔrɛ]	Wald
la rivière [rivjɛr]	Fluss
la montagne [mɔ̃taɲ]	Berg
le cirque [sirk]	Kessel, Talmulde
autour de [oturdə]	um … herum
une île [il]	Insel

3. Welche Elemente kommen auch in Ihrem Land vor? Wo?

S. 87

4. Hören Sie zu. Um welche Textsorte handelt es sich?

le sommet [sɔmɛ]	Gipfel
sûr/e [syr]	sicher
accueillant/e [akœjɑ̃/akœjɑ̃t]	einladend
au cœur de [okœrdə]	im Herzen von
une émotion [emosjɔ̃]	Ergriffenheit
la plongée [plɔ̃ʒe]	Tauchen
turquoise [tyrkwaz]	türkis
la pêche au gros [pɛʃogro]	Angelsport vom Schiff aus
la case [kaz]	Hütte
créole [kreɔl]	kreolisch
la route des Indes [rutdezɛ̃d]	der Seeweg nach Indien
intense [ɛ̃tɑ̃s]	intensiv

prêt/e [prɛ/prɛt]	bereit
courir [kurir]	rennen
vite [vit]	schnell
le reportage [rəpɔrtaʒ]	Reportage
la publicité [pyblisite]	Werbung
une interview [ɛ̃tɛrvju]	Interview
la pièce de théâtre [pjɛsdəteɑtr]	Theaterstück

5. Hören Sie sich den Text noch einmal an und kreuzen Sie die Schlüsselwörter an. Wovon ist im Text die Rede?

6. Lesen Sie die Postkarte. Listen Sie die Pläne von Anne und Gérard auf.

la fenêtre [fənɛtr]	Fenster
le paradis [paradi]	Paradies
plein de [plɛ̃də]	viele
le projet [prɔʒɛ]	Plan
le paysage [peizaʒ]	Landschaft
essayer qc [eseje]	versuchen
le ski nautique [skinotik]	Wasserski
en tout cas [ɑ̃tukɑ]	auf jeden Fall
voir qn/qc (Konjugation S. 127) [vwar]	sehen

7. Beschreiben Sie mit Hilfe der Fotos die anderen Pläne von Anne und Gérard.

8. In kleinen Gruppen. Sie haben eine Reise nach Réunion gewonnen. Einigen Sie sich über ein gemeinsames Programm für drei Tage.

observer qn/qc [ɔbsɛrve]	beobachten
la tortue [tɔrty]	Schildkröte
pêcher [pɛʃe]	angeln, fischen
le requin [rəkɛ̃]	Hai
exotique [egzɔtik]	exotisch

faire le tour [fɛrlətur]	um … laufen/fahren
le bateau [bato]	Schiff

S. 88

9. Hören Sie sich den Dialog an. Welche Papiere braucht man, wenn man ein Auto auf Réunion mieten will?

la porte [pɔrt]	Tür
climatisé/e [klimatize]	mit Klimaanlage
tenez! (*Inf.* ***tenir***) [təne]	*hier*: Bitte
le permis de conduire [pɛrmidkɔ̃dɥir]	Führerschein
le reçu [rəsy]	Quittung
les papiers *m. Pl.* [papje]	Papiere
garer qc [gare]	parken
le parking [parkiŋ]	Parkplatz
faire le plein [fɛrləplɛ̃]	voll tanken
le super [sypɛr]	Super
rendre qc à qn [rɑ̃dr]	zurückgeben
la station-service [stasjɔ̃sɛrvis]	Tankstelle
bonne route [bɔnrut]	gute Fahrt

10. Hören Sie sich den Dialog noch einmal an und kreuzen Sie die richtigen Antworten an.

la climatisation [klimatizasjɔ̃]	Klimaanlage
la carte routière [kartrutjɛr]	Straßenkarte
l'essence *f.* [ɛsɑ̃s]	Benzin, Treibstoff
laver qn/qc [lave]	waschen
souhaiter qc à qn [swete]	wünschen

11. Zu zweit. Eine Person möchte ein Boot mieten, die andere ist bei der Bootsagentur angestellt. Spielen Sie die Szene vor.

12. Sie sind beim Verkehrsamt in Saint-Denis. Die Angestellte nimmt einen Anruf entgegen und Sie hören das Gespräch. Finden Sie die Fragen des Kunden wieder.

le passeport [paspɔr]	Pass
nécessaire [nesesɛr]	nötig
l'Union européenne [ynjɔ̃ørɔpeɛn]	Europäische Union
officiel/le [ɔfisjɛl]	offiziell
la monnaie [mɔnɛ]	Währung
un animal [animal]	Tier
dangereux/-euse [dɑ̃zrø/dɑ̃zrøz]	gefährlich

S. 89

13. Hören Sie sich das gesamte Gespräch an und vergleichen Sie mit Ihren Ergebnissen.

14. Stellen Sie sich die Fragen eines Einwohners aus Réunion vor seinen Ferien in Ihrem Land vor. Welche Ratschläge können Sie ihm geben?

15. Zu zweit. A bleibt auf dieser Seite, B schaut auf der Seite 132 nach. Stellen Sie Ihrem Partner/Ihrer Partnerin Fragen, um den «Personalausweis» von Réunion zu ergänzen.

la naissance [nɛsɑ̃s]	Geburt
le million [miljɔ̃]	Million
le lieu [ljø]	Ort
la taille [taj]	Größe
le chef-lieu [ʃɛfljø]	Hauptstadt eines Departements
le climat [klima]	Klima
la ressource [rəsurs]	Einnahmequelle
la flore [flɔr]	Flora
un arbre fruitier [arbrəfrɥitje]	Obstbaum
la faune [fon]	Fauna

le signe particulier [siɲpartikylje] besonderes Merkmal
le/la Portugais/e [pɔrtygɛ/pɔrtygɛz] Portugiese/-sin
coloniser qc [kɔlɔnize] kolonisieren
occuper qc [ɔkype] *hier*: besetzen
changer de qc [ʃɑ̃ʒe] wechseln
devenir [dəvnir] werden
un/e habitant/e [abitɑ̃/abitɑ̃t] Einwohner/in

16. Hören Sie sich das Chanson an. Welche Wörter verbinden Sie mit Réunion?

la métropole [metrɔpɔl] Mutterland
là-bas [labɑ] dort
sentir qc [sɑ̃tir] riechen

S. 91

passer un examen [paseɛ̃nɛgsamɛ̃] eine Prüfung ablegen

OPTION 2

S. 94

1. Welche Dokumente verbinden Sie mit einem Transportmittel? Kreuzen Sie an.

2. In kleinen Gruppen einigen Sie sich über den Verlauf der Handlung und stellen Sie das Gedicht *Déjeuner du matin* von Jacques Prévert wieder her. Vergleichen Sie anschließend Ihr Ergebnis mit dem der anderen Gruppen.

S. 95

3. In welchem Stockwerk der *Galeries Lafayette* finden Sie Bücher, eine Kinderhose, ein Handy, ein Parfum, einen Rock und Frauenschuhe, eine Krawatte, Theaterkarten, einen Friseur?

S. 96

4. Kennen Sie Korsika? Diese Insel ist 160 km von der französischen Küste entfernt und gehört zu Frankreich. Lesen Sie den Text. Sie können viele unbekannte Wörter erraten. Ergänzen Sie den «Personalausweis».

S. 97

5. Sie haben französische Kunden in einem deutschen Restaurant eingeladen. Erklären Sie ihnen die Karte und geben Sie Informationen über die typischen Gerichte (z. B. *Rote Grütze* ist eine Hamburger Spezialität). Erklären Sie auch, wie man bezahlt und ein Trinkgeld gibt.

LA TRANSCRIPTION PHONÉTIQUE

Vokale

[a] pl**a**t, voil**à**
[ɛ] merci, c'**est**, probl**è**me, **ê**tre, f**ai**re (sehr offenes «e»)
[e] ch**ez**, **é**cole, travaill**er** (geschlossenes «e»)
[ə] j**e**, l**e**, n**e**, qu'est-ce qu**e** (stummes «e»)
[i] l**i**t, p**y**jama
[o] vél**o**, **eau**, c**ô**té (geschlossenes «o»)
[ɔ] al**o**rs, c**o**mment (offenes «o»)
[ø] d**eu**x, p**eu** (geschlossenes «ö»)
[œ] s**œu**r, vend**eu**r (offenes «ö»)
[u] v**ou**s, **où**
[y] **u**ne, s**u**r

Halbvokale

[ɥ] je s**u**is, h**u**it, c**u**isine
[j] b**i**en, étud**i**ant, travai**ll**er, fi**ll**e
[w] m**o**i, **ou**i

Nasallaute

[ɑ̃] **en**f**an**t, ch**am**bre, ex**em**ple
[ɔ̃] b**on**jour, n**om**
[ɛ̃] **un**, bi**en**, l**un**di, f**in**, p**ain**, s**ym**pa

Konsonanten

[b] ha**b**iter
[d] **d**eux
[f] **f**rançais, **ph**oto
[g] ci**g**arette, collè**gu**e
[k] **c**ours, ave**c**, **qu**i, **k**ir
[l] i**l**
[m] **m**al
[n] **n**on
[ŋ] campi**ng**
[ɲ] co**gn**ac, champa**gn**e
[p] **p**ardon, je m'a**pp**elle
[r] bonjou**r**, **r**encont**r**e
[s] **s**alut, **ç**a, chan**s**on (stimmloses «s»)
[z] Mademoi**s**elle, le**s**‿enfants, si**x**‿heures, **z**éro (stimmhaftes «s»)
[ʃ] **ch**ez, **ch**ocolat (stimmloses «sch»)
[ʒ] bon**j**our, â**g**e, **j**us (stimmhaftes «sch»)
[t] **t**rès
[v] **v**ous, arri**v**er

NOTIZEN

Perspectives A1 Rapide

Französisch für Erwachsene mit Vorkenntnissen

Vokabeltaschenbuch

Gestaltung und technische Umsetzung:
Anna Bakalović und Annika Preyhs, Berlin

www.cornelsen.de

1. Auflage, 1. Druck 2006

Alle Drucke dieser Auflage sind inhaltlich unverändert
und können im Unterricht nebeneinander verwendet werden.

Druck: CS-Druck CornelsenStürtz, Berlin

ISBN-13: 978-3-464-20474-0
ISBN-10: 3-464-20474-X

Inhalt gedruckt auf säurefreiem Papier aus nachhaltiger Forstwirtschaft.